JN410186

이영철 제4시집

신아출판사

이영철 제4시집

자서

지난 몇 년 동안 내 일상의 삶 속에서 기뻐하고 즐거워하고 때로는 슬퍼하고 가슴 아파한 순간들의 흔적을 노래하였다. 살아있다는 것은 얼마나 멋지고 행복한가 하면서도 가끔은 절망하고 앞이 캄캄한 터널 속을 통과하는 느낌을 받으며 이것이 인생이겠지 하고 생각하였다.

하늘나라로 먼저 여행을 떠나신 어머니를 생각할 때마다 진한 통증이 가슴을 짓누른다. 늘 함께하시겠지 하는 생각에 어머니를 서운하게 해드린 수많은 날들과 어머니의 작은 목소리를 귀담아 듣지 않은 수많은 순간들이 회한으로 남는다. 부모, 형제, 친구, 이웃과 순간들의 삶속에서 더욱 정성과 사랑으로 존중하고 어울리며 살리라.

오늘 내가 있고, 내 가족과 이웃이 있고, 나에게 주어진 일이 있고, 내가 추구하며 성취해야 할 일이 있음에 감사해야 하리라. 인생은 여름방학처럼 짧다는 영화의 대사가 아니더라도 순간인 것을. 사랑하며 살날이 얼마일까? 행복을 느끼며 살날이 그 얼마일까?

웃으며, 재미있게, 멋진 분위기를 만들며 살리라 다짐하는데도 그렇게 살기가 여간 쉽지 않다. 스트레스가 와도 여유를 가지고, 잘 안 되는 일이 있어도 긍정적인 면을 찾으며 살아야 하겠지.

우리 멋진 여행이 끝나는 날, 내 작은 행복의 큰 웃음이 멀리 멀리 퍼져 나갈 수 있게 순간마다 웃음의 홀씨가 춤추게 하자.

2007년 겨울

이영철

북어국

차례

2
어머니의 기도

3
우리들 사이

4

동방명주

1
북어국

꽃샘추위

벚꽃이 화사하게 피어
봄이 무르익었나 싶었더니
때 아닌 꽃샘바람이
송곳을 숨기고 내게로 와서
뼛속까지 콕콕 찔러댄다.

벚꽃

벚꽃이 하얗게 피었습니다
눈부시게 하얗게 피었습니다
벚꽃이 피어서 기뻐야 할 텐데
웬일인지 마음 한 구석이
무너져 내려앉는 것 같습니다
벚꽃을 보면 그냥 좋다는 느낌
그 세월로 돌아가고 싶습니다
흩날리는 벚꽃 이파리들처럼
자유롭게 훨훨 날아서
어디로든 가고 싶습니다
허허로운 이 내 마음 실어서

산책

먼지가 폴폴 날리는
야산 언덕길을 걷노라니
비가 오려는지 바람에
흙냄새가 확 느껴진다
길가 이름 모를 작은 새들이
낮게 날면서 찌익 찌익
밭가 까투리 데리고 데이트 나온
장끼 놀란 듯 푸드득
그 소리에 놀란 내 가슴도
펄떡 펄떡

어둠이 조용히 내려앉는
언덕길 위로
봄을 재촉하며 부는 바람아,
산책 따라 나온 내 고독도
가져가면 안 되겠니?

요즈음의 나는

지난 2월 내 몸에 불청객 알레르기가 찾아왔다
나는 그 원인을 찾으려고 유심히 관찰해 보지만
족집게처럼 원인을 찾아내기란 쉽지 않다
팔뚝과 몸통의 알레르기는 신선하지 않은
생선이 원인인 것 같고
머리 밑과 코 안이 허는 알레르기는
천장을 통해 나오는 히터인 것 같다고
잠정적으로 결론을 내리지만 혹시
지난 11월부터 쉬고 있는 운동 때문에
몸의 저항력이 떨어지지 않았는지
생각해 본다

삶이 고독인 것을 쉽게 잊어버리고
이기려고 재미있게 살려고
유한게임에 악다구니를 쓰지만
어느새 고독의 바다에 빠져 있는
나를 발견한다

어머니의 품처럼 아늑한 대지를 밟고
마냥 걷고 싶어서
맑은 물이 흐르는 만경강가로 나섰다
강둑은 모자라는 자동차 도로 때문에
먼저 아스팔트를 뒤집어쓰고 길게 누워 있었다
내 작은 희망은 무너져 내리고
어디에도 흙을 밟으며 걸을 수 있는 곳이 이렇게
땅을 밟고 걸을 수 있는 공간이 이렇게
없어지고 사라져서
이제 먼 산으로만 가야만 하는지
왜, 근처에 거닐 만한 공원은 없는지
왜, 우거진 나무숲은 없는지
왜, 숲 속에 난 작은 오솔길은 없는지
생각해 본다

삶의 질을 추구하는 웰빙시대라고 떠들어대지만
혼자서 웰빙할 수는 없어라
자동차 매연으로 자꾸만 커져가는 지구의 허파암

편리하다는 이유 때문에 콘크리트와 아스팔트에
숨 못 쉬어 답답해하는 지구의 살갗들
폐수로 이 땅의 생수는 썩어져 내리고
지구의 산소통, 나무친구들은 자꾸만 잘려지고 넘어져만 간다

걷고 싶어서
그냥 흙을 밟고 걷고 싶어서
흙길을 찾아 나섰다 가슴에 아련한 생채기만 들고서
돌아와 복잡하고 딱딱한
아파트 주위를 뺑뺑 돈다

여유롭게
여유있게
재미나게
살맛나게
살아갈 우리의 미래를 위하여

작은 숲을 만들자
그리고 대지가 숨쉬게
아스팔트, 콘크리트를 걷어내 보자
우리의 몸과 영혼이
대지의 혼을 먹고 안식하며
대지와 교감하게

요즈음 나는
기쁨보다는 슬픔이 가슴에
더 많이 와 닿는다
늘 즐겁게 웃으며 살려고 하는데
별일도 아닌 것들이 나를 자꾸만
자꾸만 우울하게 하고
딴죽을 걸어서
완전 돌 씹는 맛이다.

외로운 혼자서

인생은 결코
새로 다시 살 수가 없네
여러 길이 주어지지도 않네
오직 외길,
일회성의 유한한 인생일세

그러므로
우리는 무엇을 잘하는가
무엇에 흥미가 있는가
진정으로 인생에서 하고 싶은 일은
무엇인가, 무엇인가
진지하고도 깊게
생각하고 행동해야 하네

일단 인생길을 정했다면
진실로 그 길을 사랑하세
처음 순간처럼
처음 마음처럼

처음의 그 감정처럼 변하지 말고
인내하고 집중하며
몰입하고 몰입하며
앞으로 한 걸음씩 나아가야 하네

짧고도 긴 인생길
안개 끼고
가끔 폭풍우 몰아칠 때도
햇빛이 비치리라
무지개가 다시 뜨리라
믿고 또 믿으며
흐트러진 마음들을 다잡고
흔들리는 의지를 다시 붙잡고
멀리 앞을
바라보며 나아가야 하네

흔들리는 감정의 노예가 아니라
외로운 혼자서

때로는 즐거운 혼자서
꿈을 그리며
가끔은 죽음도 생각해 보며
외로운 혼자 길을 걸어가야 하네

목련

앙상한 나뭇가지에
하얀 솜사탕을 화려하게 매달고서
벌거벗은 나무들 속에서
봄이 왔다고 호들갑을 떨더니
속절없이 홀로 흐물어져 내리는
너, 안타까운 순간의 사랑이여

봄비답지 않은

사방에서 검은 구름들이 몰려와
캄캄한 하늘을 만들고
비를 예고한다
봄비인데 봄비가 아니다
굵은 빗줄기 따라
천둥은 쉴 새 없이 으르렁거리고
순간순간 번쩍이는 번개는
심장의 박동수를 높이고 있다

갑자기 고속도로는 저속 도로가 되고
안개등이 모자라 쌍라이트를 깜빡거리며
너도 나도 긴장한다
천둥과 번개로 무장한
4월에 내리는 폭우여
너의 집은 어디인데
이렇게 서둘러 찾아왔는고?

봄이 가네

잠이 쏟아지는 고속도로를
힘겹게 깜박거리다가
새 단장한 금강휴게소에서
눈꺼풀에 내려앉은
무거운 졸음들을 겨우 떼어내다
찬바람을 맞으며
금결 반짝이는 강가에 서니
푸른 강물은 비로소 내 머리 위로
맑은 생수를 뿌린다
수양버들에 하늘하늘 물이 오르고
벚꽃 이파리들은 하얀 은비처럼
사방으로 흩날린다
봄이 가는구나
봄이 가네
내 삶의 피곤한 흔적들을
인생노정에 털어내며
내 청춘의 봄도 소리 없이
흘러가네

무엇이 성공인가

남과 비교하지 않고 자기 길을 가는 사람
자연과 인간을 사랑하는 사람
마음이 맑은 사람
인생의 꿈을 이루기 위해 노력하는 사람
미지의 세계를 향해 길 떠나는 사람
신의 칭찬을 찾아 나서는 사람

자유인

욕심을 버리면
마음을 비우면
사랑하는 사람을 만들지 않으면

정직하면
진리를 따르면

서해안 고속도로

충남 대천에서 서울까지
서해안을 끼고 한 번은 달리고 싶었는데
안산에 있는 국립특수교육원에 갈 일이 생겨서
아침 일찍 길을 나섰다
엷은 안개를 살며시 두른 고속도로는
경부나 호남고속도로에 비하면
조용하고 교통량도 적어서
차들은 규정 속도를 뒤로하고 미친 듯이 질주한다
초행길이라 시간에 정확히 맞출 수 있을까 하는
괜한 걱정 때문에
나도 질세라 그 대열에 끼여
가속기에 무게를 더한다

의지와는 상관도 없이
내 인생의 속도도 자꾸만 빨라지고 있다
인생 그 자체가 초행길인 것을,
나 자신을 모르고
남 따라 과속을 하는 인생길

잠깐 한눈팔면 그대로 끝장이려니
정직하게 성실하게 지혜롭게
주어진 나의 길을 달려가야 하리라

보령을 지나 홍성, 서산, 당진
길고도 멋진 서해대교를 바라보며
충남을 넘어 경기도로 들어간다
낮은 산들과 적당한 평야가 어우러진
멋진 풍경을 바라보며 달리는 길은
시원스럽고도 즐겁다

내 이승 길도 이 고속도로처럼
적당한 행복과 슬픔이 조화롭게
수놓아져, 그 날까지
그 나라에 가기까지
시원스럽고 늘 즐거웠으면
하는 생각,
그 바람을 바람에 날리며
오늘도 부지런히 길을 달린다.

빨간 입술

빨간 입술이 그립다
투명하고 얇은
촉촉하고 윤기 나는
세월 속에 찌들은 나의 입술은
까만 점이 군데군데 박혀 있고
간 나쁜 사람처럼
심한 애연가처럼
검게 타들어가고
점점 두꺼워져서
예민한 사랑의 감촉을 감지하기엔
무딘 장식품으로 전락하고 있다
나도 빨간 입술이 그립다
돌아올 수 없는 강물인가
나는 이 순간 빨간 립스틱이 되어
그대 마음을 예쁘게 색칠하고 싶다
요술 거울을 보며

일상이 힘겨워질 때

일상이 너무 힘에 겨울 때
때론 아무것도 할 수 없을 만큼 무기력해질 때
왜 그런지 이유조차 모를 때
산책을 한번 떠나 볼 일이다
산책길에 불어오는 미풍의 노랫 소리
지저귀는 새들의 귀여운 사랑노래
형형색색 환한 꽃들의 웃음소리
마음 속 깊이 느껴보자
일상이 깃털처럼 가벼워질 수 있게
내 고통의 무게를 저 멀리 날려버릴 수 있게

북어국

북어국을 끓인다
시원한

시원한 북어국은
그냥 되는 게 아니다

지켜 서서
지켜 보고
솟아오르는 거품
수도 없이 생겨나는 거품들을
떠내고
또 떠내야만 되는 거

혼탁한 인생 길
맑고 밝기

허망한 욕심의 거품
거품들을

걷어내고
걷어내고
또 걷어내야 되는 이치

북어국 속에
있다.

그림처럼

늦가을의 정취가 흘러내리는
88고속도로를 달린다
질주하는 차들을 앞세우며

가을걷이가 끝난 들판은
스산한 느낌이지만
산벚나무, 참나무들은 울긋불긋
소나무와 대비를 이루어
멋진 풍경으로 다가온다
한 해가 그림처럼 가는구나

멀리 지리산이
하얗게 보이더니
때 이른 눈발이 축복처럼 날린다
나무들은 눈꽃을 머리에 이고
겨울 동화처럼 다가온다
한 해가 또 그림처럼 오겠지

인생길
오르막과 내리막
굴곡들로 이루어진 88고속도로를
가을처럼 겨울처럼
그림처럼 달린다.

입동

잠이 덜 깬 나무
바람은 자꾸만 바람을 넣어
춤추게 한다
날리는 나뭇잎

심술난 구름
시커먼 마음으로
하늘 한쪽에서 달려나와
아침 해를 가리더니
사방으로 쭉쭉 뻗어
검은 장막을 친다

답답한 하늘 가슴
불칼을 들고
구름을 자르며
고함을 지른다
우르르 꽝 꽝

커다란 불협화음
끝내 굵은 눈물줄기가 되어
후두둑 후두둑
대지를 때린다

작아지는 가슴
빨라지는 걸음
애써 마음을 달래 보지만
가을을 꿀꺽 삼키고
낭만을 꿀꺽 삼키는
오늘 아침,
입동

가을예감

흰 뭉게구름 사이로
높고 파아란 하늘

바람을 흔드는
나뭇가지의 떨림

매미소리
처량하고 구슬픈

고추잠자리
떼 지어 높이 날음

으악새 금빛 머리
은빛 출렁 출렁

귀뚜라미 한 마리
귀뚤 귀뚜르르르

들풀

햇빛 나도
구름 덮어도
바람 불어도
비가 와도
늘 그렇게

항상
이렇게
저렇게
유연한 저 들풀처럼
살 순 없을까

이젠

나이가 들어가면 갈수록
손바닥을 펴서
손에 쥐고 있는 것
놓아야 할 텐데

아직도 하고 싶은 것
너무 많아, 많아서

이젠
버릴 것 버리며
단순하게
살아야 할 텐데

2
어머니의 기도

어머니의 기도

오랜 세월을
하루같이
자식 잘되라고

자신의 호흡을 태워 오신
어머니의 생명노래

임종

거친 숨을 몰아쉬면서
마지막 순간을 준비하시는
어머니 앞에서
당신 사랑하는 아들이 왔노라
외쳐 보지만
어머니는 한 마디 말씀도 못하시고
서서히 몸이 식어져만 간다
어이없어
너무나 기가 막혀
울음도 길을 잃고
쓰러지는 순간

슬픈 화장

어머니는 말이 없이
하늘나라로 떠나기 앞서
이승의 마지막
화장을 하고 있습니다

생전에 고운 분
안 바르셨으니
곱게 분칠도 하고
희미한 눈썹 까맣게 그리고
연분홍 립스틱도 예쁘게 칠하고

예쁜 모습으로 화장하시는
어머니 앞에서
왜 나는
슬픔으로 온통
무너져 내릴까요
하염없이

회상

어머니,
당신은 마리아였습니다
예수님을 가슴에 품고
우리 집안으로 시집오셔서
그 많은 박해 다 참으시고
한 알의 밀알이 되시어
우리 집안을 복음의 빛으로 밝히신

어머니,
당신은 천사였습니다
늘 가족과 이웃을 향해
사랑의 수고를 아끼지 않으시고
기도하시면서
베푸시면서
격랑기를 헤쳐오신

어머니,
지나온 인생길에 아로 새겨진

그 많은 일들을
보배처럼 꿰어서
엮을 수만 있다면
나는 당신을 주인공으로
소설을 쓰겠습니다.

후회

어머니,
그 어렵고 힘들었던 긴 터널을 지나
이제 살만하니
왜 서둘러 먼 길을 떠나셨나요

살아생전 고생만 하시다가
그렇게 갑자기 떠나실 줄
정말, 정말 몰랐답니다

환한 날 보여드리고 싶었는데
가슴에 환한 웃음꽃 안겨드리고 싶었는데
이제와 생각하니

어머니의 작은 목소리에
귀 기울이지 못한 이 불효자식을
용서해 주세요, 부디

깻잎사랑

찬통에 몇 장 남지 않은
어머니가 담가주신
마지막 깻잎김치
깻잎 한 장 한 장
스쳐간 어머니의 손맛
이젠 영원히 맛보지 못할
사랑표 깻잎

그 정성이 자꾸만
가슴에 아려 와서
눈물로 밥 말아 먹네

어머니처럼

늘 해 오셨던
어머니의 그 신앙처럼

기도하고
말씀보고
찬송하리라

늘 해 오셨던
어머니의 그 습관처럼

사랑하고
남을 돕고
우애 있게 살리라

늘 해 오셨던
어머니의 그 사명처럼

복음을 전하고

희생하고
이웃을 사랑하리라

보고 싶은 어머니

서리가 하얗게 내린 날
어머니는 얼마나 추우실까 하는
생각이 들자
갑자기 어머니가 보고 싶어졌다

살아생전
표현하지 못했던
'어머니, 사랑합니다'
라는 내 마음의 쪽지 편지를
전달하는 순간
뜨거운 눈물이 앞을 가려서
가슴이 너무나 아려 와서
어머니가 계신 먼 하늘을
올려다보네

양지바른 곳에 누우신
어머니를 보고
서서히 돌아서는 길은

왜 그리 발걸음이 무겁고
아득하게만 느껴지던지

주님, 새해에는

주님, 새해에는
건강한 우리 몸을 위하여
세끼 밥을 꼭꼭 챙겨 먹듯이
말라빠진 우리 영혼을 위하여
생명의 떡을 하루도 빠지지 않고
꼬옥 챙겨 먹게 하소서

주님, 새해에는
우리들의 이마에 깊이 패인
인생의 계급장만 새길 것이 아니라
마음속에 기쁨의 샘물이 넘쳐흘러서
언제나 함박꽃이 벙긋 피어나
사랑의 미소선이 활짝 드러나게 하소서

주님, 새해에는
믿음의 맑은 창문을 주시어
빛이 없는 절망 가운데서도
할 수 있다는 새로운 용기를 갖게 하시고

세상의 온갖 죄악과 유혹 가운데서도
주님의 선한 향기를 뿜어내는
한 송이 백합화가 되게 하소서

새해에는 주님,
주어진 삶의 순간순간들에
주님의 영광 환히 드러나도록
주님 안에서 주님과 함께
인생의 꿈과 비전을 세우게 하시고
쉬임 없이 하늘나라를 향하여 항해하는
겸손하면서도 용기 있는 순례자가 되게 하소서

(2005. 1. 범어교회보 신년 축시)

인간

그 분이 자기 형상대로
사람을 만들었더니
참 보기가 좋았더라

이리 저리
요리 조리
아무리 살펴보아도
생김새, 기능성, 아름답기가 우주의 걸작품이라

작은 눈은 하늘을 볼 만큼 열려 있었으라
작은 귀는 우주를 들을 만큼 섬세하였으라
작은 입은 먹고, 말하고, 그리고 사랑하기에 부족함 없었으라
작은 콧구멍은 생기를 들쉬고 날쉬어서 생명을 사랑하였으라
작은 손은 정말로 여러 가지 많은 일을 하였으라
작은 발은 먼 길도 마다하지 않고 순종하는 마음으로 여행을 다녔으라

그 분의 형상대로 만들어진 인간은
그 분을 닮아 유일한 존재
조화롭고 멋지고 아름다운
우주의 걸작품

종이라고 하면서

우리는 주님의 종이라고 하면서
주님의 명령을 따르기는커녕
주님 자리를 차지하고 앉아서
주인처럼 으스대며
잘난 체한다

종의 임무는
철저히 주인의 명령에 순종하는 것이라
우리는 종 될 자격이나 있는지?

기도

야베스처럼
'주님, 나의 지경을 넓혀 주십시오'
라고 기도했네
세상에서 잘되고
높은 지위에 올라가고
돈 많이 벌고
범사에 잘되며
세상 것만 쳐다보며 기도했네

주님 영광 위하여
주님 복음 전하라
주님 사랑 전하라
넓혀주시는 그 지경을 모르고

포도나무

가지가 나무를 떠나면
살 수 없다는 것을 알면서도
방황하며 먼 길로 나갔네

혼자서 열심히 열매를 따려고
세상 속에서
헛것을 잡고 발버둥쳤네

지치고 상한 영의
푸석푸석한 얼굴
그제사 하늘을 올려다본다

너희는 가지니
저가 내 안에
내가 저 안에

나를 떠나서는
너희가 아무것도
할 수 없다고

날마다

날마다
주님 앞에 나아가면

날마다
주님 향해 찬송 부르면

날마다
주님 위해 예배드리면

날마다
그 길이 형통할 것을

날마다
우리가 빤히 알면서도

날마다
우리는 실천하고 있는지

월드비전

꿈을 꿈꾼다는 것은
참으로 중요합니다
꿈을 생각으로 나타내는 것은
참으로 중요합니다
꿈을 입으로 말하는 것은
참으로 중요합니다
꿈을 행동으로 옮긴다는 것은
참으로 중요합니다
꿈이 성취된다는 것을 믿는 것은
더욱 중요합니다

내 작은 정성
내 작은 사랑
내 작은 물질
내 작은 기도
내 작은 후원

월드비전을 이루는
나의 꿈 조각들입니다.

3
우리들 사이

산다는 것은

눈길 한번
정 한번
마음 한번에

속고 산다
죽고 산다.

혼자 보내는 주말

봄은
온 땅과 온 하늘을 수놓고
사람들은
봄바람 나 화려한 옷을 걸치고
새들은
사랑노래를 높이 불러대는데

온 주말을 혼자서 외로이,
책도 읽고 할 일도 찾아 해보지만
가슴 한편 물밀듯 밀려오는 고독을
진정 막을 수는 없어라
사랑하는 이의 다정한 목소리라도 듣고저
눈은 자꾸만 전화기에 가 머무는
혼자 보내는 주말

녹색의 마술

사월은 부활의 달
죽었던 대지에 물이 오르고
앙상한 나뭇가지들은
겨우내 숨겨 놓았던 생명의 환희를
가슴마다 푸르게 풀어 헤친다
녹색이 저렇게 다양할 수 있을까
사월에 반짝이는 산을 보아라
꽃은 어느새 떨어져 덧없고
잎이 꽃보다 아름답구나
더 조화롭구나
작은 생명의 손을 흔드는
녹색의 마술을 보아라
나는 어느새
마술에 걸려서
그대에게 흠뻑 빠져 있구나

소풍 나온 나비처럼

오늘 아침 문득
그대에게
하얀 날개를 달아주고 싶다
는 생각이 들었어
저 아지랑이 속살거리는
푸른 대지 위를
저 햇살이 자유로운
눈부신 창공 속을
아름답고 유연하게 폴랑거리며
여행할 수 있게

왜 진작 그런 생각을
하지는 못했을까
춥고도 추웠던 기인 겨울에
힘든 삶의 무게들로
온통 침잠하는 인생들의 후예처럼

작은 몸짓 하나로

살짝 춤만 추어도
좋은 친구가 될 수 있는
소풍 나온 나비처럼
그대에게
오늘 아침 문득

(2005년 현장특수교육 봄호 권두시)

그대

고르지 않던 날씨 속에 봄이 저만치 왔다가 또 물러가고, 하지만 계절의 변화는 막을 수가 없나 봅니다. 눈부신 태양 아래 오월의 나무들은 초록 옷을 꺼내 입기 시작했고 눈부신 그대, 호수 같은 내 마음에 사랑의 파문을 그리고 있습니다.

그동안 사랑한다고 말하지 못했던 가슴을 열어 조금은 유치찬란하게 그대에게 사랑고백을 하고 싶습니다. 그대가 누굴 사랑하는지 나는 모릅니다. 그대가 어떤 사랑을 할까 걱정하지도 않습니다. 난 그대가 그냥 좋은 걸요. 그대가 마음의 눈금으로 나를 재어도 나는 그것조차 사랑하겠습니다.

왜 나는 그대에게 서서히 눈이 멀어 가고 있는지 그 이유를 모르겠습니다. 난 그대가 마냥 좋은 걸요. 항상 그대와 함께하고 싶지만 그대가 멀리 멀리 달아날까 봐 애써 내 마음을 감추고 있습니다. 짧은 인생길이기에 그대를 사랑하다 온통 내 몸에 시퍼런

멍이 들어도 나는 그대 사랑하며 살겠습니다. 너무 사랑하기 때문에 괴롭다고 해도 나는 그 길을 순례자처럼 떠나겠습니다.

하얀 별꽃

제법 큰 화분에
들깨 모종 두 그루 심다

아침과 저녁
마음도 주고
정성도 쏟고
눈길도 주고
물길도 줬더니

들깨 팔에 솟아난
수많은 녹색 손바닥
톡 쏘는 진한 향으로 코끝에
대롱대롱

여름 끝자락
겨드랑이에 생겨난
보드라운 칫솔 위에
하얀 별꽃이 수를 놓다

별꽃 속에 숨겨진
꿈이 여무는 순간
뭇별은 떨어지고
꿈은 생명의 씨앗으로
동그랗게 태어나다

한 알의 들깨 씨가 땅에 떨어져
삼십 배
육십 배
백 배
환희로 피어나는 우주를 본다.

꽃씨의 비밀

잡풀 무성한 화단 한쪽
그 쓸쓸한 마음 밭에
꽃씨를 뿌리다
샐비어
코스모스
만수국

잦은 봄비로
비밀은 껍질을 뚫고
하늘을 향해 기지개를 켜다

샐비어는 애처로워라
다 어디 가고 겨우 한 포기
빨간 나팔 속에 꿀물을 발랐네

허리 가는 코스모스
가을이 오기 전에 한들한들
가을 아가씨로 무너지고

탐스럽게 핀 노란 만수국
환영의 꽃다발
향기로 온 가슴 적시네

슬픈 가을비
비밀은 씨앗 속에 잠들어
대지로 돌아가네

청개구리 한 마리

황금들판이 내려다보이는
아파트 9층,
작은 베란다 화원
대엽 풍란
제주 한란
사랑초
어울려 살아가는데

언제
어디서
어떻게 왔는지
청개구리 한 마리
조용히 살고 있다

아침마다 확인하는 날이
하루
이틀
사흘

마음 한 곳
정, 서서히 자라나
무얼 먹고 사나
추운 겨울이 오는데
사랑초 마음처럼
걱정이 앞선다.

축제

청춘의 젊음
끼를 발산하며
축제의 춤을 춘다

너와 나
우리의 가슴이 열린다
축제의 잔을 높이 올려라

자유
정의
사랑의 잔
하얀 눈꽃을 안주 삼아
높이 높이 들어라

힘찬 열정의 얼굴
샘솟는 지혜의 얼굴
환한 웃음의 얼굴
모두 어울려
한 송이 큰 꽃으로 피어나라

어둔 세상

환히 비쳐줄
젊음의 힘
환한 청춘의 꽃으로 부활하라

광장의 배틀

지금 큰 광장엔
개싸움이 벌어졌다네
앞집 뒷집 개싸움이 아니라
이쪽저쪽 동네 패싸움이라네
주인은 말이 없는데
저들만 으르렁거리며
뼈다귀를 먹겠다고 안달이네
이빨 드러내면 이기냐
꼬랑지 올리면 이기냐
소곤소곤 작전 짜다
모가지 물고 늘어지네
지금 생중계되는 광장엔
싸움판이 크게 벌어졌다네
주인은 관심이 없는데
서로 서로
똥 묻은 놈이 겨 묻은 놈 보고
더럽다 카고
냄새난다 카네

니 누구더라

니 누구더라
내 모르겠나
깜깜한 기억의 미로를 더듬지만
실낱같은 단서도 잡히지 않아
그냥 멍하니 얼굴만 보고 있다
순식간에 흘러버린 세월 앞에
무너져 내리는 우리들의 자화상
아, 그렇게 무심히 살 수가 있었던가
지척에 살아 있으면서
다른 길로 다니는 너와 나
우리가 친구, 동창이었던가
우리가 한 일
흘러간 40년
니 놈은 알고 있겠지

인생상담

새파란 젊음들이 내 인생의 문을 노크한다
일상에 떨어지는 삶의 무감각들이
뼛속까지 파고든다면서

어떻게 살아야 하나요?
불확실한 미래의 두려움이
긴 머리를 풀어 헤치며
찰거머리처럼 달라붙는다면서

큰 꿈을 꾸어라
많은 곳을 여행하여라
순간을 성실하게 살라고 하지만
그렇게 살지 못한 가슴이 허허로워
자꾸만 변주곡을 올린다

젊음이여,
꽃다운 청춘이여
내가 너희처럼 젊기만 한다면

가슴에 높은 꿈을 걸리라
낮은 세상을 향하여
가슴 아파하는 이웃을 위하여
절망 속에 웃음 잃은 사람을 위하여
작은 사랑의 불꽃을
환히 태우리라

화해

때론
부부싸움을 하고
자존심 때문에
입을 삐물고 침묵시위 중

그 어색하던 순간을 주체할 수 없어
콩잎 한 장을 젓가락에 애써 낚아 올리며
쩔쩔 매는 어설픈 행동을 보이면
싱긋 웃으며 달려오는 그녀의 젓가락에
눈 녹듯 녹아 내렸던 나의 자존심

바다장어

장어, 소리만 들어도
남자들은 기운이 솟고
입 속에 침이 자알 잘
미끄러지는
스태미너의 왕

추자도 먼 바다
그 전설처럼

파도의 힘으로
벌떡 벌떡
일어섰다.

사람들은

사람들은 모두 다
그 때가 좋았지
추억을 들춰낸다

사람들은 모두 다
그렇게 되면 얼마나 좋을까
무지개를 그린다

사람들은
모두 다 그렇게
추억과 무지개를
섞어 먹고 산다

지금 여기
씨줄과 날줄 속의 실존
멋진 추억
아름다운 무지개의
주인공인 줄 알면서도

빈 화분

꽃집에서 배달된 호접란은 화려했으나
꽃이 떨어지자 입도 말랐어라
봄은 코끝에 와서
봄기운을 숨쉬게 하는데
빈 화분은 쓸쓸히 말이 없다

몇 안 되는 화분이지만
여러 날을 함께했다는 이유만으로
화초들은 내 가족임을

쓸쓸한 빈 화분을 위하여
관음죽을 한 그루
영산홍을 한 그루
입양하는 날
눈길을 주면서
사랑하는 한 식구가 되었으니
슬픔과 기쁨도
늘 함께하자고 속삭여 본다.

해후

마음먹으면 안 되는 것 없는
좁은 한국 땅에 살면서
우리 앞에 주어진 삶을 치열하게 산다고
코앞에 놓인 나의 생존을 위해 산다고
서로 잊고 살았제

젊은 시절
철없던 그 날에
우정을 꿈꾸고
가슴을 나누며
서로 환한 웃음을 웃었제

긴 공백이 주름살로 돋아나도
우린 눈길 한번으로
그 주름살을 금세 지우며
지나간 세월
그 알량했던 삶의 족적들을
아름답게 치장했네

이제는 자주 만나리라
따뜻한 가슴으로 서로
부둥켜안으리라
같이 밥을 먹고 한 형제가 되리라
생명을 태우며 서로 사랑하리라
약속을 다짐하며 밤을 밝히는
해후

황혼

초가을의 애수가 흘러내리는
창밖을 보네
석양은 지평선으로 잠기고
붉은 구름 위에
서서히 내려앉는 저녁 어스름
미등을 켠 차들이
왕궁온천으로 빨려 든다.

4
동방명주

동방명주

상하이 심장에
반짝이는 진주 하나
하늘 높이 저 멀리
별 꿈을 매달고
지나가는 나그네겐
환상곡을 펼치네

---

* 동방명주(東方明珠)는 상해시에 우뚝 솟아 있는 아름다운 탑.

태호

호수라 하기에는
감이 잡히지 않는
누런 물결이 출렁이는 태호에
크루즈를 하러 왔습니다
인민들은 행복지수를 높이며
한껏 부풀어 있는데
심술궂은 소나기가 그 행복의 조각들을
일시에 잠재우고 있습니다.
떨어지는 미운 빗방울을 애써 막아내며
마음 한편 누런 황토물의 낭만을
사냥하고 있습니다, 나그네는

소주유감

상유천당(上有天堂) 하유소항(下有蘇杭)
큰 기대를 하며
소주를 둘러보러 길을 나섰습니다

찌든 사람냄새
물씬 풍기는 수로 위로
노 젓는 뱃사공
소박한 마음을 강바람에 날리며
나그네의 요청에 못 이겨
전통 노랫가락을 풀어내고 있습니다

아, 세월은 그렇게
조금씩 조금씩
소주를 밀어내어
동양의 베네치아라는 말이
무색해졌습니다.

처녀 뱃사공

춘삼월의 양주,
미풍은 속살대고
따뜻한 햇볕은 더없이 좋아라

아름다운 호수 그 작은 물결 위로
유람선을 띄우고 몸을 맡기네
우석대 김 총장님, 남경특수교육기술대학의 정 원장님
그리고 양교의 국제교류팀 서로 어울려
정다운 얘기꽃을 몽실몽실 피우네

어기여차 노 젓는 처녀 뱃사공
구성진 노래는 그녀의 18번일까
앙코르에 수줍어하며 화답하는 답가는
그녀의 19번일까
한가로이 배는 미끄러져 가고
너도 나도
중국노래 한국노래
어우러져 흥을 돋우네

장강

세계사 시간에 장강(長江)이란 말은
왜 들어보지 못했을까?
지금 내 앞에 펼쳐진 거대한 장강대교
수많은 협곡을 흘러 흘러서
수많은 인민들의 마음을 담고 담아서
도도히 흐르는 저 엄숙한 자태
난 지금 남경의 끝자락에 서서
붉은 석양에 길게 흘러내리는
역사의 인생을 바라본다.

도어

오늘은 여행일정에 따라
양주에 왔습니다.
오래 전에 우리 조상 신라인들이
무역을 하기 위해 방문했다는 이곳,
양주는 물의 도시답게
운하로 거미줄처럼
수정처럼 반짝이고 있습니다
차창에 비치는 풍경은 낯설지 않고
내 유전자 속에 전해져 내려오는
이웃 동네 같습니다

제주 앞바다의 은갈치 대신에
난 오늘 장강의 도어(刀魚)를
양주의 근사한 전통식당에서
마주하고 앉았습니다
버들가지 하늘거리는 춘삼월이 아니었다면
내 인생의 한 점,
이 순간 당신을 만날 수는 없었겠지요

예정된 인연으로
중국의 특수교육 선생님을 만나는 자리
가슴속에 새겨지는 우정은
도어보다 먼저
환한 웃음꽃으로 피어났습니다.

한류

일본 아줌마 부대를 넘어
중국 전세대
미국과 유럽 연예인들까지

한국음식을 맛보고 싶어서
한복을 입어보고 싶어서
한국 찜질방 체험을 해보고 싶어서
한국에서 템플 스테이를 해보고 싶어서
한국 노래를 부르고 싶어서
한국의 드라마를 보고 싶어서
한국의 영화를 보고 싶어서
한국의 공예품을 갖고 싶어서
한국의 전자제품을 사고 싶어서
한국 축구가 부러워서
한국을 여행하고 싶어서
한국말을 배우고 싶어서
한국 남자와 결혼하고 싶어서
한국 여자와 결혼하고 싶어서

동경하며

감행하며

서서히 미쳐가는 현상

발마사지

이국(異國)의 밤은 저물어 가고
이해되지 않은 뜨거운 언어들도
맥주잔에 빠져들 땐
여독은 스멀스멀 다리를 기어오른다

중국의 어느 도시에나
발마사지는 성업 중
얼마나 많은 한국사람 찾아 왔으면
아가씨 총각 너나 할 것 없이
빙그레 웃으며
“안녕하세요?”
“뜨거워요?”
“아파요?” 말을 건넨다

반점(飯店)의 싸늘한 침대를
외면한 채
마사지 예술에 빠져
나는 벌써
꿈나라로 갔네

홍콩야경

홍콩도심의 멋진 빌딩들이
화려한 패션쇼를
열고 있습니다
독특한 디자인에다
형형색색 드레스
쭉쭉빵빵 늘씬한 빌딩들의 허리에
영롱한 반짝이가 순간으로 수놓이면
보는 이는 환상과 감탄의 세계로
빠져듭니다

박 학장님, 서 학장님 같이 어울려
한 순간의 추억을 새겨 넣기 바쁘지만
그 추억 속에 늘 변함없이
당신의 이름처럼
향불 같은 향기도
스며들길 기도해 봅니다.

중국 소수민족 의상쇼

광활한 땅을 가진 중국에는
소수민족도 매우 다양하지요
수많은 민족들이 섞이고 섞였지만
아직도 고유한 전통 속에 살아가는
그들의 삶 속에서
의상만을 상품화하여
화려하게 쇼를 하고 있습니다
심천의 중국민속문화촌에서

얼굴 작은 쭉쭉빵빵 미녀들이
화려한 의상을 걸치고
행진을 하며
때로는 무용을 하며
화려한 조명
사이키 조명 아래
음악에 맞춰
이야기를 풀어내고 있습니다
마치 파리의 리도쇼를
보고 있는 것 같습니다.

카지노에서

좌르르 좌르르
쏟아지는 동전 소리
일확천금을 노리는
번쩍이는 눈들이 빛나는 곳
마카오의 이름 모를 카지노에서
그림을 찍어 맞춘다
혹시나
행여나
나에게도
대박이 확 터질 것 같은 예감

확률은 그렇게 확률처럼
맞아떨어지는데
추풍에 떨어지는 낙엽처럼
두둑하게 쌓였던 내 동전
금세 어디로 추락했나?
짧은 시간
카지노 레슨비 비싸기만 했네

발리의 밤바다

지구촌 사람들이
세계 제일의 낙원으로 꼽는
인도네시아의 발리에 왔습니다
잎 넓은 열대식물이
우리의 가슴을 넓게 펴 줍니다
이국적인 축제가 가슴에
신비롭게 새겨집니다

낭만을 찾아
밤바다를 찾았습니다
검게 내려앉은 하늘 아래
오색조명이 더욱 빛납니다
출렁이는 파도노래에
가만히 나의 연가를 섞어봅니다

여기 저기
축배의 잔들이 쉴 새 없이 오르내리고
우정도 사랑도

바다가재처럼 맛있게 익어갑니다
발리의 밤바다
우린 휴양 대신
바닷바람으로 샤워를 하고 있습니다.

보르부드르 사원

불타는 산을 앞에다 놓고
거대한 사원이 동산 위에 앉아 있다
옛날 사람들은 이 많은 돌을
어디에서 구해 왔을까

까만 돌을 쌓아 놓고
그 위에다
부처님의 일생을
제자들의 고행을
궁중의 향연을
갈고 다듬어 새겨 놓고

신심을 따라가며
탑돌이를 하네
세계의 불가사의
족자카르타의 보르부드르 사원

바띡 남방셔츠

그 부드러운 비단 위에
촛물을 입혀서
저런 문양을 어떻게 낼 수 있을까

이국적인 전통문양에 끌려
내 마음에 수없이 옷을 걸쳐본다

사가면 분명히 입지 않을 텐데
사가면 분명히 걸어두기만 할 텐데

화려한 바띡 남방셔츠
물끄러미 나를 보며

독특 하지
감촉 좋지

자꾸만
꼬드긴다.

해변을 달리는 마차

멀리 인도양을 바라보며
바닷바람에 머리카락을 날립니다
파도소리와 갈매기의 노랫소리는
멋진 이중창의 화음을 만들어 가며
나그네의 마음을 붙잡고 있습니다

작은 마차를 단 말들이
주인의 성화에 못 이겨
히잉거리며 나그네를
호객하고 있습니다

미풍은 나그네의 마음을 싣고
마차에 올라탑니다
달리는 마차는 찌든 나의 모든 것들을
저 멀리 날리며
모래밭 위에서 전차처럼 질주합니다

순간의 행복이 물밀듯

가슴에 넘쳐납니다
반짝이는 인도양의 행복물결들이
내 머리에 아름답게 꽂수 놓여집니다.

| 해설 |

반성과 성찰의 시

— 이영철 시인의 시를 읽고

안 도 현
(시인, 우석대 문예창작학과 교수)

이영철 시인은 고등학교 선배님이면서, 학과는 다르지만 같은 학교의 선배교수이시다. 가끔 뵙고 점심을 함께 먹거나 이야기를 나눌 때, 이 분은 선배처럼 보이지 않는다. 선배로서 나를 누르고 가르치려는 위압적인 태도가 애초부터 없기 때문이다. 그렇다고 내가 이영철 선배를 함부로 깔본다는 말이 아니다. 그만큼 겸손하고 착하고 맑은 분이어서 두렵다는 이야기다. 혹시라도 내가 가진 욕망의 티끌이 선배에게 튀어 묻지는 않을지 오히려 걱정이 될 때도 있다.

이 시집에 실린 시를 읽으면서 시 역시 이영철이

라는 한 인간의 품성을 꼭 빼닮았다는 생각을 하였다. 시에 삿된 욕망의 흔적을 찾아볼 수가 없다. 세련되고 깜짝 놀랄 만한 수사로 자신을 치장하려는 의도도 없다. 과도하게 삶을 재단하고 정의하려는 제스처도 없다. 그 대신에 시인은 순정이 넘치는 언어로 자신과 주변의 일상을 잔잔하게 그리고 있다.

북어국을 끓인다
시원한

시원한 북어국은
그냥 되는 게 아니다

지켜 서서
지켜 보고
솟아오르는 거품
수도 없이 생겨나는 거품들을
떠내고
또 떠내야만 되는 거

혼탁한 인생 길
맑고 밝기

허망한 욕심의 거품

거품들을
걷어내고
걷어내고
또 걷어내야 되는 이치

북어국 속에
있다.

— 「북어국」 전문

삶의 체험이 한 편의 오롯한 시로 형상화된 경우다. 실은 자신의 체험을 있는 그대로 시로 형상화한다는 게 말처럼 쉬운 일은 아니다. 일차적으로는 삶의 치부를 숨김없이 드러낼 수 있는 용기와 함께 시적 인식의 새로움이 시를 받쳐주어야 한다는 부담감이 따르기 때문이다. 아무리 특별한 체험의 소유자라고 하더라도 그 체험을 시라는 그릇에 담을 때에는 형상화의 과정을 통과하게 마련이다. 여기서 형상화란 단순히 표현 형식의 문제라기보다는 인식의 문제라는 것을 확실하게 해 둘 필요가 있다. 시를 읽는 사람은 시인의 체험 내용을 알고자 하는 것도 아니고, 현란한 언어의 운용 방법을 배우고자 하는 것도 아니다. 독자는 무엇보다 시를 둘러싸고 있는 시적 인식의 놀라움하고 은밀하게 내통하고 싶어 한다.

북어국을 끓이면서 “수도 없이 생겨나는 거품들을/떠내고/또 떠내야만 되는 거”, 이게 바로 은밀하게 시가 생겨나는 지점이다. 체험에서 얻은 이 사소한 발견이 삶을 깊이 있게 성찰하는 계기를 만들고 있다.

이렇듯 이영철 시인은 경험한 것에서 작지만 소중한 깨달음을 얻으려고 한다. 생활 속에서의 깨우침, 돌아가신 어머니에 대한 회한, 여행지에서의 경험을 주로 시의 소재로 삼고 있는 이 시집을 읽다가 보면 마치 고요하게 자신을 다스리고 있는 연못을 보는 듯하다. 일상에서 생길 법한 분노와 고통마저 시인의 렌즈에 포착되면 귀가 순해진다.

시인은 “나이가 들어가면 갈수록/손바닥을 펴서/손에 쥐고 있는 것/놓아야 할 텐데”(「이젠」 부분)라며 어떤 구도자의 사유를 시에 언뜻 드러내기도 한다. 이것은 앞날에 대한 소망이라기보다 현재에 대한 반성의 목소리라고 할 수 있다.

이런 의미에서 이 시집을 채우고 있는 것은 이영철 시인의 반성과 성찰의 순정성이 아닌가 싶다. 이 순정성이 시를 읽는 이들의 가슴에 가 닿는다면 세상은 분명 지금보다 더 평화로워지고 행복해질 것이다. 시인의 맑은 시심에 감염되는 이들이 늘어났으면 좋겠다.

인　　쇄 ■ 2007년 12월 20일
발　　행 ■ 2007년 12월 26일

저　　자 ■ 이 영 철
발 행 인 ■ 서 정 환
발 행 처 ■ 신아출판사

출판등록 ■ 1984년 8월 17일 제28호
주　　소 ■ 전주시 완산구 태평동 251-30
전　　화 ■ (063) 275-4000, 252-5633
팩　　스 ■ (063) 274-3131
홈페이지 ■ http://www.shin-a.co.kr
전자우편 ■ sina321@hanmail.net
shina321@chol.com

값 6,000원

ISBN 978-89-5925-393-7 03810